Verantwortung und Hingabe

Verantwortung und Hingabe

Texte und Gebete
von Dietrich Bonhoeffer

herausgegeben von Christian Zippert

Vorwort

Dietrich Bonhoeffer (1906–1945) war ein leidenschaftlicher Theologe, der nach dem Studium in Tübingen und Berlin und einer frühen Promotion Aussichten auf eine glänzende Karriere hatte. Er wurde zunächst Studentenpfarrer in Berlin. Häufige Auslandsaufenthalte und dadurch gewonnene ökumenische Erfahrungen prägten seine theologische Arbeit. Mit Begeisterung widmete er sich seit 1931 seiner Arbeit als einer von drei ökumenischen Jugendsekretären, einer Aufgabe, die er über viele Jahre beibehielt.

Bald nach der Machtergreifung Hitlers erkannte er, daß es noch keine Möglichkeiten gab, sich in der evangelischen Kirche gegen das Nazi-Regime zu bekennen, und deshalb ging er 1933 als Pfarrer an eine deutsche Gemeinde in London.

Nach der feierlichen Erklärung der 'Bekennenden Kirche' in Barmen kehrte Bonhoeffer 1934 nach Deutschland zurück. Er übernahm die Leitung des Predigerseminars in Finkenwalde in Pommern.

Seine Rückkehr war auch eine

Konsequenz aus der früh erkannten Verantwortung für das kirchliche und politische Leben in Deutschland. Bereits 1933 hatte er als einer der ersten öffentlich vor der NS-Diktatur gewarnt und die drohende Gefahr für die Juden vorausgesehen.
Als sich die politische Lage 1938 zuspitzte, kam Bonhoeffer immer mehr zu der Überzeugung, daß die Freiheit nur durch eine 'Freie Tat' wiederzugewinnen sei.
Diese Erkenntnis wird deutlich in seinem Gedicht: 'Nicht das Beliebige, sondern das Rechte tun und wagen …, nicht in der Flucht der Gedanken, allein in der Tat ist die Freiheit.'
So bekam er über seinen Schwager Hans von Dohnanyi Kontakt mit der Widerstandsgruppe um Admiral Canaris. Hier traf er Menschen, die ohne religiöse Bindung aus Verantwortungsbewußtsein und um der Gerechtigkeit willen ihr Leben einsetzten.
1943 wurde er zusammen mit anderen Widerstandskämpfern verhaftet und ins Militärgefängnis Tegel gebracht. Nach dem mißglückten Attentat vom 20. Juli 1944 verschärfte man seine Haft, und am 9. April 1945 wurde er auf Befehl Hitlers hingerichtet.
Dieses Buch soll einen kleinen Überblick über Bonhoeffers Gedanken in entscheidenden Perioden seines Lebens vermitteln. Eines Lebens, das eng mit der Geschichte und dem Schicksal unseres Landes unter der Hitlerdiktatur verbunden ist, aber auch wegweisend sein kann für die Haltung der Menschen in unserer heutigen Welt.

Christsein
und
Verantwortung

Bonhoeffers Hauptfrage in all seinem Denken und Handeln ist: Was bedeutet es, Christ zu sein? Was heißt es, wenn man sein ganzes Leben Gott widmet und mit seinem Christsein ernst macht? Er verkündet den grenzenlosen Zuspruch Gottes, der in seiner Gnade die Menschen annimmt, so wie sie sind. Aber er betont auch den Anspruch Gottes, daß wir als Christen verantwortlich handeln müssen.
Er nennt dies 'Teure Gnade' und meint damit: Das Evangelium ist eine Gabe, um die immer wieder gerungen werden muß.

Christ sein

Christ ist der Mensch, der sein Heil, seine Rettung, seine Gerechtigkeit nicht mehr bei sich selbst sucht, sondern bei Jesus Christus allein.
Er weiß, Gottes Wort in Jesus Christus spricht ihn schuldig, auch wenn er nichts von eigener Schuld spürt, und Gottes Wort in Jesus Christus spricht ihn frei und gerecht, auch wenn er nichts von eigener Gerechtigkeit fühlt.
Der Christ lebt nicht mehr aus sich selbst, aus seiner eigenen Anklage und seiner eigenen Rechtfertigung, sondern aus Gottes Anklage und Gottes Rechtfertigung.
Er lebt ganz aus Gottes Wort über ihn, in der gläubigen Unterwerfung unter Gottes Urteil, ob es ihn schuldig oder ob es ihn gerecht spricht. Tod und Leben des Christen liegen nicht in ihm selbst beschlossen, sondern er findet beides allein in dem Wort, das von außen auf ihn zukommt, in Gottes Wort an ihn.

Christus

Wollen wir ihn (Jesus Christus) haben, dann beansprucht er Entscheidendes über unser ganzes Leben zu sagen.
Wir verstehen ihn nicht, wenn wir ihm nur eine Provinz unseres geistigen Lebens einräumen, vielmehr nur dann, wenn wir es an ihm allein orientieren oder ein glattes: Nein sprechen.
Wem es freilich nicht einmal darauf ankommt, Christus ernst zu nehmen in dem Anspruch, den er an uns in seiner Frage stellt: Willst du ganz oder willst du nicht?, der sollte lieber seine Sache nicht mit der christlichen vermengen, und damit wäre der christlichen Sache nur gedient, denn er hat mit Christus nichts mehr gemein. Die Religion Christi ist nicht der Leckerbissen nach dem Brot, sondern sie ist Brot oder nichts.
Das wenigstens sollte man verstehen und zugeben, sofern man sich Christ nennt.

Glauben lernen

Später erfuhr ich und ich erfahre es bis zur Stunde, daß man erst in der vollen Diesseitigkeit des Lebens glauben lernt. Wenn man völlig darauf verzichtet hat, aus sich selbst etwas zu machen - sei es einen Heiligen oder einen bekehrten Sünder oder einen Kirchenmann (eine sogenannte priesterliche Gestalt!), einen Gerechten oder einen Ungerechten, einen Kranken oder einen Gesunden - und dies nenne ich Diesseitigkeit, nämlich in der Fülle der Aufgaben, Fragen, Erfolge und Mißerfolge, Erfahrungen und Ratlosigkeiten leben, - dann wirft man sich Gott ganz in die Arme, dann nimmt man nicht mehr die eigenen Leiden, sondern das Leiden Gottes in der Welt ernst, dann wacht man mit Christus in Gethsemane, und ich denke, das ist Glaube, das ist 'Metanoia': und so wird man ein Mensch, ein Christ. Wie sollte man bei Erfolgen übermütig oder an Mißerfolgen irre werden, wenn man im diesseitigen Leben Gottes Leiden mitleidet?

Lücken-Büßer?

Es ist mir wieder ganz deutlich geworden, daß man Gott nicht als Lückenbüßer unserer unvollkommenen Erkenntnis figurieren lassen darf; wenn nämlich dann - was sachlich zwangsläufig ist - sich die Grenzen der Erkenntnis immer weiter herausschieben, wird mit ihnen auch Gott immer weiter weggeschoben und befindet sich demgemäß auf einem fortgesetzten Rückzug.
In dem, was wir erkennen, sollen wir Gott finden, nicht aber in dem, was wir nicht erkennen; nicht in den ungelösten, sondern in den gelösten Fragen will Gott von uns begriffen sein. Das gilt für das Verhältnis von Gott und wissenschaftlicher Erkenntnis.
Aber es gilt auch für die allgemein menschlichen Fragen von Tod, Leiden und Schuld.
Es ist heute so, daß es auch für diese Fragen menschliche Antworten gibt, die von Gott ganz absehen können.
Menschen werden faktisch - und so war es zu allen Zeiten - auch ohne Gott mit diesen Fragen fertig und es ist einfach nicht wahr, daß nur das Christentum eine Lösung für sie hätte.
Was den Begriff der 'Lösung' angeht, so sind vielmehr die christlichen Antworten ebenso wenig - (oder ebenso gut) - zwingend wie andere mögliche Lösungen.
Gott ist auch hier kein Lückenbüßer; nicht erst an den Grenzen unserer Möglichkeiten, sondern mitten im Leben muß Gott erkannt werden; im Leben und nicht erst im Sterben, in Gesundheit und Kraft und nicht erst im Leiden, im Handeln und nicht erst in der Sünde will Gott erkannt werden.
Der Grund dafür liegt in der Offenbarung Gottes in Jesus Christus. Er ist die Mitte des Lebens und ist keineswegs 'dazu gekommen', uns ungelöste Fragen zu beantworten.
Von der Mitte des Lebens aus fallen gewisse Fragen überhaupt aus und ebenso die Antworten auf solche Fragen (ich denke an das Urteil über Hiobs Freunde!).
In Christus gibt es keine 'christlichen Probleme.'

Danken

Es geht in der christlichen Gemeinschaft mit dem Danken, wie sonst im christlichen Leben. Nur wer für das Geringe dankt, empfängt auch das Große.
Wir hindern Gott, uns die großen geistlichen Gaben, die er für uns bereit hat, zu schenken, weil wir für die täglichen Gaben nicht danken. Wir meinen, wir dürften uns mit dem kleinen Maß uns geschenkter geistlicher Erkenntnis, Erfahrung, Liebe nicht zufrieden geben und hätten immer nur begehrlich nach den großen Gaben auszuschauen. Wir beklagen uns dann darüber, daß es uns an der großen Gewißheit, an dem starken Glauben, an der reichen Erfahrung fehle, die Gott doch andern Christen geschenkt habe, und wir halten diese Beschwerden für fromm.
Wir beten um die großen Dinge und vergessen, für die täglichen, kleinen (und doch wahrhaftig nicht kleinen!) Gaben zu danken. Wie kann aber Gott dem Großes anvertrauen, der das Geringe nicht dankbar aus seiner Hand nehmen will?

Danken wir nicht täglich für die christliche Gemeinschaft, in die wir gestellt sind, auch dort, wo keine große Erfahrung, kein spürbarer Reichtum, sondern wo viel Schwäche, Kleinglauben, Schwierigkeit ist, beklagen wir uns vielmehr bei Gott immer nur darüber, daß alles noch so armselig, so gering ist, so gar nicht dem entspricht, was wir erwartet haben, so hindern wir Gott, unsere Gemeinschaft wachsen zu lassen nach dem Maß und Reichtum, der in Jesus Christus für uns alle bereit liegt.

Teure Gnade

Billige Gnade ist der Todfeind unserer Kirche. Unser Kampf heute geht um die teure Gnade.
Billige Gnade heißt Gnade als Schleuderware, verschleuderte Vergebung, verschleuderter Trost, verschleudertes Sakrament; Gnade als unerschöpfliche Vorratskammer der Kirche, aus der mit leichtfertigen Händen bedenkenlos und grenzenlos ausgeschüttet wird; Gnade ohne Preis, ohne Kosten.
Das sei ja gerade das Wesen der Gnade, daß die Rechnung im voraus für alle Zeit beglichen ist.
Auf die gezahlte Rechnung hin ist alles umsonst zu haben.
Unendlich groß sind die aufgebrachten Kosten, unendlich groß daher auch die Möglichkeiten des Gebrauchs und der Verschwendung ... Wer sie bejaht, der hat schon Vergebung seiner Sünden.
Die Kirche dieser Gnadenlehre ist durch sie schon der Gnade teilhaftig. In dieser Kirche findet die Welt billige Bedeckung ihrer Sünden, die sie nicht bereut und von denen frei zu werden sie erst recht nicht wünscht.

Billige Gnade ist darum Leugnung des lebendigen Wortes Gottes, Leugnung der Menschwerdung des Wortes Gottes.
Billige Gnade heißt Rechtfertigung der Sünde und nicht des Sünders.
Weil Gnade doch alles allein tut, darum kann alles beim alten bleiben ...
Billige Gnade ist Predigt der Vergebung ohne Buße, ist Taufe ohne Gemeindezucht,
ist Abendmahl ohne Bekenntnis der Sünden, ist Absolution ohne persönliche Beichte.
Billige Gnade ist Gnade ohne Nachfolge, Gnade ohne Kreuz, Gnade ohne den lebendigen, menschgewordenen Jesus Christus.

Teure Gnade ist der verborgene Schatz im Acker, um dessentwillen der Mensch hingeht und mit Freuden alles verkauft, was er hatte; die köstliche Perle, für deren Preis der Kaufmann alle seine Güter hingibt; die Königsherrschaft Christi, um derentwillen sich der Mensch das Auge ausreißt, das ihn ärgert, der Ruf Jesu Christi, auf den hin der Jünger seine Netze verläßt und nachfolgt.
Teure Gnade ist das Evangelium, das immer wieder gesucht, die Gabe, um die gebeten, die Tür, an die angeklopft werden muß.
Teuer ist sie, weil sie in die Nachfolge ruft, Gnade ist sie, weil sie in die Nachfolge Jesu Christi ruft; teuer ist sie, weil sie dem Menschen das Leben kostet, Gnade ist sie, weil sie ihm so das Leben erst schenkt; teuer ist sie, weil sie die Sünde verdammt, Gnade, weil sie den Sünder rechtfertigt. Teuer ist die Gnade vor allem darum, weil sie Gott teuer gewesen ist, weil sie Gott das Leben seines Sohnes gekostet hat - 'ihr seid teuer erkauft' -, und weil uns nicht billig sein kann, was Gott teuer ist. Gnade ist sie vor allem darum, weil Gott sein Sohn nicht zu teuer war für unser Leben, sondern ihn für uns hingab.
Teure Gnade ist Menschwerdung Gottes.

Das Böse?

Ich glaube, daß Gott aus allem,
auch aus dem Bösesten, Gutes
entstehen lassen kann und will.
Dafür braucht er Menschen,
die sich alle Dinge zum Besten
dienen lassen.
Ich glaube, daß Gott uns in jeder
Notlage soviel Widerstandskraft
geben will, wie wir brauchen.
Aber er gibt sie nicht im voraus,
damit wir uns nicht auf uns selbst,
sondern allein auf ihn verlassen. In
solchem Glauben müßte alle Angst
vor der Zukunft überwunden sein.
Ich glaube, daß auch unsere Fehler
und Irrtümer nicht vergeblich sind,
und daß es Gott nicht schwerer ist,
mit ihnen fertig zu werden, als mit
unseren vermeintlichen Guttaten.
Ich glaube, daß Gott kein zeitloses
Fatum ist, sondern daß er auf
aufrichtige Gebete und
verantwortliche Taten wartet
und antwortet.

Ecce homo

Ecce homo - sehet welch ein Mensch! In ihm geschah die Versöhnung der Welt mit Gott. Nicht durch Zertrümmerung, sondern durch Versöhnung wird die Welt überwunden. Nicht Ideale, Programme, nicht Gewissen, Pflicht, Verantwortung, Tugend, sondern ganz allein die vollkommene Liebe Gottes vermag der Wirklichkeit zu begegnen und sie zu überwinden. Wiederum ist es nicht eine allgemeine Liebesidee, sondern die wirklich gelebte Liebe Gottes in Jesus Christus, die das vollbringt. Diese Liebe Gottes zur Welt zieht sich nicht aus der Wirklichkeit zurück in weltentrückte edle Seelen, sondern sie erfährt und erleidet die Wirklichkeit der Welt aufs härteste. Am Leibe Jesu Christi tobt sich die Welt aus. Der Gemarterte aber vergibt der Welt ihre Sünde. So geschieht die Versöhnung.
Ecce homo.

Verantwortung
und
Widerstand

Christsein bestand für Bonhoeffer nicht nur darin, den christlichen Glauben anzuerkennen und ihn theoretisch zu verstehen, sondern in der konkreten Nachfolge Jesu Christi verantwortlich zu handeln. Daher wurde sein Widerstand gegen das NS-Regime immer deutlicher und offener.
Er unternahm Informations- und Erkundungsreisen ins Ausland und überlegte, wie das neue Deutschland nach der Beseitigung Hitlers gesellschaftlich und politisch gestaltet werden könnte.
Er erkannte, daß die Beseitigung einer Diktatur und ein Wiederaufbau demokratischer, menschenwürdiger Zustände nur von Menschen betrieben werden kann, die sich ihrer Verantwortung bewußt und ihrem Gewissen treu bleiben.
So erarbeitete er in den letzten Jahren eine Ethik. Ihm war bewußt, daß Mord, auch Tyrannenmord, gegen das Gebot Gottes ist. Aber er sah auch deutlich, daß er durch Gewährenlassen mitschuldig würde. Diese persönliche Verantwortung nahm Bonhoeffer bewußt und in der Freiheit der Tat auf sich.

Freiheit

Wer die Freiheit aufgibt, gibt sein Christsein auf. Der Christ steht frei ohne irgendwelche Rückendeckung vor Gott und vor der Welt, auf ihm allein ruht die ganze Verantwortung dafür, wie er mit dem Geschenk der Freiheit umgeht. Durch diese Freiheit aber wird der Christ im ethischen Handeln schöpferisch. Das Handeln nach Prinzipien ist unproduktiv, das Gesetz abbildend, kopistisch. Das Handeln aus der Freiheit ist schöpferisch. Der Christ greift gleichsam aus der Ewigkeit heraus die Gestalten seines ethischen Schaffens, setzt sie souverän in die Welt, als eine Tat, seine Schöpfung aus der Freiheit eines Kindes Gottes.

Erlaubnis

Das Gebot Gottes ist die Erlaubnis als Mensch vor Gott zu leben. Das Gebot Gottes ist Erlaubnis. Darin unterscheidet es sich von allen menschlichen Gesetzen, daß es die Freiheit - gebietet. Darin erweist es sich als Gottes Gebot, daß es diesen Widerspruch aufhebt, daß das Unmögliche möglich wird, daß das, was jenseits alles Gebietbaren liegt, die Freiheit, sein eigentlicher Gegenstand ist. So hoch greift das Gebot Gottes, billiger ist es nicht. Erlaubnis, Freiheit bedeutet nicht, daß nun Gott dem Menschen doch noch ein Feld einräumt zur Betätigung nach eigener Wahl, frei von Gottes Gebot, sondern diese Erlaubnis, diese Freiheit entspringt ja gerade nur am Gebote Gottes, sie ist nur durch das Gebot und im Gebot Gottes möglich, sie ist niemals vom Gebot gelöst, sie bleibt Gottes Erlaubnis und als solche und nur als solche befreit sie von der quälenden Angst vor der jeweiligen Entscheidung und Tat zur Gewißheit der persönlichen Leitung und Führung durch das göttliche Gebot... Das Gebot Gottes erlaubt dem Menschen als Mensch vor Gott zu leben. Als Mensch, nicht nur als Subjekt ethischer Entscheidungen, als Student der Ethik.

Handeln vor Gott

Hat uns die Bergpredigt dann wirklich gar nichts Neues zu sagen?
'Neues' im Sinne einer neuen Forderung nicht, dafür aber etwas ganz anderes. Der Sinn der gesamten ethischen Gebote Jesu ist vielmehr der, dem Menschen zu sagen:
Du stehst vor dem Angesicht Gottes, Gottes Gnade waltet über dir, du stehst aber zum Anderen in der Welt, mußt handeln und wirken, so sei bei deinem Handeln eingedenk, daß du unter Gottes Augen handelst, daß er seinen Willen hat, den er getan haben will. Welcher Art dieser Wille ist, das wird dir der Augenblick sagen; es gilt nur, sich klar zu sein, daß der eigene Wille jedesmal in den göttlichen Willen hineingezwungen werden muß, daß der eigene Wille aufgegeben werden muß, wenn der göttliche verwirklicht werden soll; und sofern also da völlige persönliche Anspruchslosigkeit des Menschen erforderlich ist im Handeln vor dem Auge Gottes, kann das ethische Handeln des Christen als Liebe bezeichnet werden.

Das aber ist nicht ein neues Prinzip, sondern aus der Stellung des Menschen vor Gott gewonnen.
Es gibt für den Christen keine ethischen Prinzipien, anhand derer er sich etwa versittlichen könnte. Es gibt immer nur den entscheidenden Augenblick, und zwar jeden Augenblick, der ethisch wertvoll werden kann.
Aber nie kann das Gestern für mein sittliches Handeln heute entscheidend werden. Vielmehr muß immer von Neuem die unmittelbare Beziehung zu Gottes Willen aufgesucht werden und nicht weil mir gestern etwas gut schien, tue ich es heute wieder, sondern weil mich auch heute der Wille Gottes in diese Bahn weist.

Schlimmer

Schlimmer als die böse Tat ist das Bösesein. Schlimmer ist es wenn ein Lügner die Wahrheit sagt als wenn ein Liebhaber der Wahrheit lügt, schlimmer wenn ein Menschenhasser Bruderliebe übt als wenn ein Liebhaber der Menschen einmal vom Haß überwältigt wird. Besser als die Wahrheit im Munde des Lügners ist noch die Lüge, besser als die Tat der Bruderliebe des Menschenfeindes ist der Haß. Es ist also nicht die eine Sünde wie die andere. Sie haben verschiedenes Gewicht. Es gibt schwerere und leichtere Sünde. Der Abfall wiegt unendlich viel schwerer als der Fall. Die glänzendsten Tugenden des Abgefallenen sind nachtschwarz gegen die dunkelsten Schwächen der Treuen.

Am gegebenen Ort

Nicht die Welt aus den Angeln zu heben, sondern am gegebenen Ort das im Blick auf die Wirklichkeit Notwendige zu tun, kann die Aufgabe sein.
Es muß auch dabei noch die Frage nach dem Möglichen gestellt, es kann nicht immer sofort der letzte Schritt getan werden, und verantwortliches Handeln darf nicht blind sein wollen.
Das alles muß so sein, weil Gott in Christus Mensch wurde, weil er zum Menschen Ja sagte und weil wir als Menschen, in menschlicher Begrenztheit des Urteils, der Erkenntnis vor Gott und dem Nächsten leben und handeln dürfen und sollen. Weil aber Gott Mensch wurde, darum kann verantwortliches Handeln im Bewußtsein der Menschlichkeit seiner Entscheidung das Urteil über das eigene Handeln nach seinem Ursprung, seinem Wesen und seinem Ziel niemals selbst vorwegnehmen, sondern es muß es ganz an Gott ausliefern. Während alles ideologische Handeln seine Rechtfertigung immer schon in seinem Prinzip bei sich selbst hat, verzichtet verantwortliches Handeln auf das Wissen um seine letzte Gerechtigkeit. Die Tat, die unter verantwortlicher Abwägung aller persönlichen und sachlichen Umstände im Blick auf die **Mensch**werdung Gottes und auf die Menschwerdung **Gottes** geschieht, wird im Augenblick ihres Vollzuges allein Gott ausgeliefert. Das letzte Nichtwissen des eigenen Guten und Bösen und damit das Angewiesensein auf Gnade gehört wesentlich zum verantwortlichen geschichtlichen Handeln.

Das Gebotene

Der Verantwortliche ist an den konkreten Nächsten in seiner konkreten Wirklichkeit gewiesen. Sein Verhalten liegt nicht von vornherein und ein für allemal, also prinzipiell fest, sondern es entsteht mit der gegebenen Situation. Er hat kein absolut gültiges Prinzip zur Verfügung, das er fanatisch gegen jeden Widerstand der Wirklichkeit durchzuführen hätte, sondern er sucht das in der gegebenen Situation Notwendige, 'Gebotene' zu erfassen und zu tun.
Die gegebene Situation für den Verantwortlichen ist nicht einfach der Stoff, dem er seine Idee, sein Programm aufzwingen, aufprägen wollte, sondern sie wird als die Tat mitgestaltend in das Handeln mit einbezogen. Nicht ein 'absolut Gutes' soll verwirklicht werden, vielmehr gehört es zu der Selbstbescheidung des verantwortlich Handelnden, ein relativ Besseres dem relativ Schlechteren vorzuziehen und zu erkennen, daß das 'absolut Gute' gerade das Schlechteste sein kann.

Widerstand
und
Ergebung

Am 5. April 1943 wurde Bonhoeffer zusammen mit Hans von Dohnanyi und anderen in Berlin verhaftet und in das Wehrmachts-untersuchungsgefängnis Tegel eingeliefert.
Damit endete die aktive Teilnahme Bonhoeffers am Widerstand. Er nutzte die Zeit in der Zelle, um sich theologischen Fragen zu widmen und Rechenschaft abzulegen über seine Stellung und sein Tun im Widerstandskreis. Er schickte viele illegale Briefe an seinen Freund und späteren Biographen Eberhard Bethge, die zum größten Teil noch erhalten sind. Bethge hat sie in dem weltweit verbreiteten Band 'Widerstand und Ergebung' für jeden zugänglich gemacht.

Vertrauen

Die Erfahrung des Verrates ist kaum einem erspart geblieben. Die Gestalt des Judas, die uns früher so unbegreiflich war, ist uns kaum mehr fremd. So ist die Luft, in der wir leben, durch Mißtrauen verpestet, daß wir fast daran zugrundegehen. Wo wir aber die Schicht des Mißtrauens durchbrachen, dort haben wir die Erfahrung eines bisher gar nicht geahnten Vertrauens machen dürfen. Wir haben es gelernt, dort, wo wir vertrauen, dem anderen unseren Kopf in die Hände zu geben; gegen alle Vieldeutigkeiten, in denen unser Handeln und Leben stehen mußte, haben wir grenzenlos vertrauen gelernt.
Wir wissen nun, daß nur in solchem Vertrauen, das immer ein Wagnis bleibt, aber ein freudig bejahtes Wagnis, wirklich gelebt und gearbeitet werden kann.
Wir wissen, daß es zu dem Verwerflichsten gehört, Mißtrauen zu säen und zu begünstigen, daß vielmehr Vertrauen, wo es nur möglich ist, gestärkt und gefördert werden soll. Immer wird uns das Vertrauen eines der größten, seltensten und beglückendsten Geschenke menschlichen Zusammenlebens bleiben, und es wird doch immer nur auf dem dunklen Hintergrund eines notwendigen Mißtrauens entstehen. Wir haben gelernt, uns dem Gemeinen durch nichts, dem Vertrauenswürdigen aber restlos in die Hände zu geben.

Brauchbar?

Wir sind stumme Zeugen böser Taten gewesen, wir sind mit vielen Wassern gewaschen, wir haben die Künste der Verstellung und der mehrdeutigen Rede gelernt, wir sind durch Erfahrung mißtrauisch gegen die Menschen geworden und mußten ihnen die Wahrheit und das freie Wort oft schuldig bleiben, wir sind durch unerträgliche Konflikte mürbe oder vielleicht sogar zynisch geworden - sind wir noch brauchbar?
Nicht Genies, nicht Zyniker,
nicht Menschenverächter,
nicht raffinierte Taktiker,
sondern schlichte, einfache, gerade Menschen werden wir brauchen.
Wird unsere innere Widerstandskraft gegen das uns Aufgezwungene stark genug und unsere Aufrichtigkeit gegen uns selbst schonungslos genug geblieben sein, daß wir den Weg zur Schlichtheit und Geradheit wiederfinden?

Menschen-Verachtung?

Die Gefahr, uns in Menschen-
verachtung hineintreiben zu lassen,
ist sehr groß. Wir wissen wohl,
daß wir kein Recht dazu haben
und daß wir dadurch in das
unfruchtbarste Verhältnis zu den
Menschen geraten. Folgende
Gedanken können uns vor dieser
Versuchung bewahren:
mit der Menschenverachtung
verfallen wir gerade dem
Hauptfehler unserer Gegner.
Wer einen Menschen verachtet,
wird niemals etwas aus ihm
machen können ...
Warum haben wir bisher vom
Menschen, seiner Versuchlichkeit und
Schwäche so unnüchtern gedacht?
Wir müssen lernen, die Menschen
weniger auf das, was sie tun und
unterlassen, als auf das, was sie
erleiden, anzusehen.
Das einzig fruchtbare Verhältnis zu
den Menschen - gerade zu den
Schwachen - ist Liebe, das heißt
der Wille, mit ihnen Gemeinschaft
zu halten.
Gott selbst hat die Menschen nicht
verachtet, sondern ist Mensch
geworden um der Menschen willen.

Dasein für andere

Es gibt aber kaum ein beglückenderes Gefühl, als zu spüren, daß man für andere Menschen etwas sein kann. Dabei kommt es gar nicht auf die Zahl, sondern auf die Intensität an. Schließlich sind eben die menschlichen Beziehungen doch einfach das Wichtigste im Leben; daran kann auch der moderne 'Leistungsmensch' nichts ändern, aber auch nicht die Halbgötter oder die Irrsinnigen, die von menschlichen Beziehungen nichts wissen.
Gott selbst läßt sich von uns im Menschlichen dienen. Alles andere ist der Hybris sehr nahe. Gewiß kann eine allzu bewußte Pflege der menschlichen Beziehungen und des Einander-etwas-Bedeutens, wie ich sie jetzt gelegentlich in den Briefen der Gabriele v. Bülow-Humboldt empfunden habe, zu einem Kult des Menschlichen führen, der der Wirklichkeit unangemessen ist. Ich meine demgegenüber hier die schlichte Tatsache, daß die Menschen uns wichtiger im Leben sind als alles andere. Das bedeutet gewiß keine Geringschätzung der Welt der Dinge und der sachlichen Leistung. Aber was ist mir das schönste Buch oder Bild oder Haus oder Gut gegenüber meiner Frau, meinen Eltern, meinem Freund? So kann allerdings nur sprechen, wer wirklich in seinem Leben Menschen gefunden hat.
Für viele Heutige ist der Mensch doch auch nur ein Teil der Welt der Dinge. Das liegt daran, daß ihnen das Erlebnis des Menschlichen einfach abgeht.
Wir müssen sehr froh sein, daß uns in unserem Leben dieses Erlebnis reichlich geschenkt worden ist.

Tat

Nicht das Beliebige,
sondern das Rechte tun und wagen,
nicht im Möglichen schweben,
das Wirkliche tapfer ergreifen,
nicht in der Flucht der Gedanken,
allein in der Tat ist die Freiheit.
Tritt aus ängstlichem Zögern heraus
in den Sturm des Geschehens,
nur von Gottes Gebot
und deinem Glauben getragen,
und die Freiheit wird deinen Geist
jauchzend umfangen.

Ergebung
und
Hingebung

Neben den Briefen, theologischen und politischen Kommentaren schrieb Bonhoeffer in seiner Haftzeit Gebete und Gedichte, die seine Situation widerspiegeln. In diesen Schriften ist er auf der Suche nach sich selbst. Er entwirft ein neues Gottesbild, das nicht mehr den starken allmächtigen Gott zeigt. Silvester 1944 schickte er sein wohl bekanntestes Gedicht 'Von guten Mächten' voll Trost und Zuversicht an seine Eltern, obwohl er schon wußte, daß er hingerichtet werden sollte.

Wer bin ich?

Bin ich das wirklich, was andere von mir sagen?
Oder bin ich nur das, was ich selbst von mir weiß?
Unruhig, sehnsüchtig, krank, wie ein Vogel im Käfig;
ringend nach Lebensatem, als würgte mir einer die Kehle,
hungernd nach Farben, nach Blumen, nach Vogelstimmen,
dürstend nach guten Worten, nach menschlicher Nähe,
zitternd vor Zorn über Willkür und kleinlichste Kränkung,
umgetrieben vom Warten auf große Dinge,
ohnmächtig bangend um Freunde in endloser Ferne,
müde und leer zum Beten, zum Denken, zum Schaffen,
matt und bereit, von allem Abschied zu nehmen?
Wer bin ich?...
Wer bin ich? Einsames Fragen treibt mit mir Spott.
Wer ich auch bin, Du kennst mich, Dein bin ich,
o Gott!

Glück und Unglück

Glück und Unglück, die rasch uns und überwältigend treffen, sind sich im Anfang, wie Hitze und Frost bei jäher Berührung, kaum unterscheidbar nah.
Wie Meteore aus überirdischer Ferne geschleudert, ziehen sie leuchtend und drohend die Bahn über unseren Häuptern. Heimgesuchte stehen betroffen vor den Trümmern ihres alltäglichen, glanzlosen Daseins.
Groß und erhaben, zerstörend, bezwingend, hält Glück und Unglück, erbeten und unerbeten, festlichen Einzug bei den erschütterten Menschen, schmückt und umkleidet die Heimgesuchten mit Ernst und mit Weihe.
Glück ist voll Schauer, Unglück voll Süße. Ungeschieden scheint aus dem Ewigen eins und das andre zu kommen. Groß und schrecklich ist beides. Menschen, ferne und nahe, laufen herbei und schauen und gaffen halb neidisch, halb schaudernd, ins Ungeheure, wo das Überirdische, segnend zugleich und vernichtend, zum verwirrenden, unentwirrbaren, irdischen Schauspiel sich stellt.
Was ist Glück, was ist Unglück?

Erst die Zeit teilt beide.
Wenn das unfaßbar erregende,
jähe Ereignis sich zu ermüdend
quälender Dauer wandelt, wenn
die langsam schleichende Stunde
des Tages erst des Unglücks
wahre Gestalt uns enthüllt,
dann wenden die Meisten,
überdrüssig der Eintönigkeit
des altgewordenen Unglücks,
enttäuscht und gelangweilt sich ab.
Das ist die Stunde der Treue,
die Stunde der Mutter und der
Geliebten, die Stunde des Freundes
und Bruders. Treue verklärt alles
Unglück und hüllt es leise
in milden, überirdischen Glanz.

Abend-Gebet

Herr mein Gott,
ich danke dir,
daß du diesen Tag zu Ende gebracht hast.
Ich danke dir,
daß du Leib und Seele zur Ruhe kommen läßt.
Deine Hand war über mir
und hat mich behütet und bewahrt.
Vergib allen Kleinglauben und alles Unrecht dieses Tages
und hilf, daß ich gern denen vergebe,
die mir unrecht getan haben.
Laß mich in Frieden unter deinem Schutze schlafen
und bewahre mich vor den Anfechtungen der Finsternis.
Ich befehle dir die Meinen,
ich befehle dir dieses Haus,
ich befehle dir meinen Leib und meine Seele.
Gott, Dein heiliger Name sei gelobt.
Amen.

In Not

Herr Gott,
großes Elend ist über mich gekommen.
Meine Sorgen wollen mich ersticken
ich weiß nicht ein noch aus.
Gott, sei gnädig und hilf.
Gib Kraft zu tragen, was du schickst.
Laß die Furcht nicht über mich herrschen.
Sorge du väterlich für die Meinen,
besonders für Frau und Kinder.
Barmherziger Gott,
vergib mir alles, was ich an dir
und an Menschen gesündigt habe.
Ich traue deiner Gnade und gebe
mein Leben ganz in deine Hand.
Mach du mit mir,
wie es dir gefällt
und wie es gut für mich ist.
Ob ich lebe oder sterbe,
ich bin bei dir
und du bist bei mir, mein Gott.
Herr ich warte auf dein Heil
und auf dein Reich.
Amen

Von guten Mächten

Von guten Mächten treu und still umgeben
behütet und getröstet wunderbar,
- so will ich diese Tage mit euch leben
und mit euch gehen in ein neues Jahr;

noch will das alte unsre Herzen quälen
noch drückt uns böser Tage schwere Last,
Ach Herr, gib unsern aufgeschreckten Seelen
das Heil, für das Du uns geschaffen hast.

Und reichst Du uns den schweren Kelch, den bittern,
des Leids, gefüllt bis an den höchsten Rand,
so nehmen wir ihn dankbar ohne Zittern
aus Deiner guten und geliebten Hand.

Doch willst Du uns noch einmal Freude schenken
an dieser Welt und ihrer Sonne Glanz,
dann woll'n wir des Vergangenen gedenken,
und dann gehört Dir unser Leben ganz.

Laß warm und hell die Kerzen heute flammen
die Du in unsre Dunkelheit gebracht,
führ, wenn es sein kann, wieder uns zusammen!
Wir wissen es, Dein Licht scheint in der Nacht.

Wenn sich die Stille nun tief um uns breitet,
so laß uns hören jenen vollen Klang
der Welt, die unsichtbar sich um uns weitet,
all Deiner Kinder hohen Lobgesang.

Von guten Mächten wunderbar geborgen
erwarten wir getrost, was kommen mag.
Gott ist bei uns am Abend und am Morgen,
und ganz gewiß an jedem neuen Tag.

Literaturnachweis

Dietrich Bonhoeffer Werke (DBW), hrsg. von Eberhard Bethge u. a.:

Band 4: Nachfolge. Hrsg. von Martin Kuske / Ilse Tödt, 1989.
Seite 15–16.

Band 5: Gemeinsames Leben / Das Gebetbuch der Bibel.
Hrsg. von Gerhard Ludwig Müller / Albrecht Schönherr, 1987.
Seite 9, 14.

Band 6: Ethik. Hrsg. von Ernst Feil / Clifford Green / Heinz Eduard Tödt / Ilse Tödt, 1991.
Seite 19, 23, 26, 27, 29.

Band 10: Barcelona, Berlin, Amerika 1928 – 1931. Hrsg. von Hans Ch. von Hase / Reinhard Staats in Zusammenarbeit mit Holger Roggelin / Matthias Wünsche, 1991.
Seite 10, 22, 24.

Dietrich Bonhoeffer, Widerstand und Ergebung. Briefe und Aufzeichnungen aus der Haft.
Hrsg. von Eberhard Bethge, 14. Aufl., 1990.
Seite 11, 12, 18, 32, 34, 35, 36, 37, 40, 42–43, 44, 46, 47.

Die angegebenen Seitenzahlen beziehen sich auf den vorliegenden Titel 'Verantwortung und Hingabe'.

Wir danken dem Chr. Kaiser / Gütersloher Verlagshaus für die freundlich erteilte Genehmigung zum Abdruck der gewählten Texte.

Fotonachweis

Ulrich Czastrau: Seite 25
Rotraut Forberg / bpk Berlin: Titel, Seite 5
Michael Jordan: Seite 41, 45
Werner Richner: Seite 8
Stefan Schneider: Seite 33
Viktor Wendt: Seite 13, 17, 28

2. Auflage 1995
ISBN 3 7811 5776 8
Rufer Verlag und Handelsgesellschaft mbH, Gorxheimertal
Best. Nr. 095-4706
Text-Zusammenstellung: Siegfried Bowin, Hennef / Detlef Mally, Birnbach
Schrift: Futura
Gestaltung: Brigitte Pollmeier, Bielefeld
Reproduktion: Peter Karau, Bochum
Satz und Druck: Phil. Baltin GmbH + Co., Gevelsberg
Einband: Hollmann GmbH, Darmstadt
Printed in Germany